Este libro le pertenece a:

Copyright © BPA Publishing Ltd 2020

Autora: Pip Reid

Ilustrador: Thomas Barnett

Director creativo: Curtis Reid

www.biblepathwayadventures.com

Gracias por apoyar a Bible Pathway Adventures®. Nuestra serie de aventuras ayuda a los padres a enseñarles a sus hijos sobre la Biblia de una forma divertida y creativa. Diseñada para toda la familia, la misión de Bible Pathway Adventures es reintroducir el discipulado en los hogares de todo el mundo.
¡La búsqueda de la verdad es más divertida que la tradición!

Los derechos morales de la autora y el ilustrador han sido declarados.
Este libro está protegido por copyright.

ISBN: 978-1-989961-29-2

Rey Salomón

El constructor del templo

"He construido un magnífico templo para Ti, un lugar para que vivas para siempre". (1 Reyes 8:13)

En la época en que los reyes gobernaban la tierra de Israel, vivía un valiente rey llamado David. Amaba a Dios con todo su corazón y gobernaba con justicia sobre el pueblo. A medida que envejecía, el pueblo se preguntaba: *"¿Quién será el próximo rey de Israel?"*.

"Nuestro hijo Salomón será coronado rey después de mí", dijo David a su esposa, Betsabé. No sabían que su hijo mayor, un hombre llamado Adonías, planeaba apoderarse del reino.

Pero Betsabé pronto se enteró de los planes de Adonías. Se apresuró a ver a David. "Me prometiste que Salomón sería el próximo rey", gritó. "Pero Adonías tiene carrozas y jinetes. Se está nombrando a sí mismo rey".

En ese momento, el profeta Natán entró en la habitación. "Tú y tu hijo Salomón están en gran peligro", dijo. "La gente está animando a Adonías. Debes decirles a todos quién será el rey después de ti". David frunció el ceño. ¡Tenía que actuar rápido! "¡Apresúrate!", le dijo David a Natán. "Monta a Salomón en mi burro. Bajen a la Fuente de Gihón y úngelo como rey. Salomón será el próximo rey de Israel".

Natán no perdió el tiempo. Montó a Salomón en un burro y lo llevó a la Fuente de Gihón. Allí, Salomón se arrodilló ante la gente. El Sumo Sacerdote tomó un cuerno lleno de aceite de oliva y lo derramó sobre la cabeza de Salomón. "Ahora eres el próximo rey de Israel", dijo.

Los israelitas aplaudieron y vitorearon, y los shofares sonaron. "¡Larga vida al rey Salomón! ¡Viva el rey!", cantaron. Siguieron a Salomón a la ciudad, tocando sus instrumentos y gritando de alegría.

La noticia de Salomón se extendió rápidamente por todo Jerusalén. En poco tiempo, llegó a oídos de los amigos de Adonías. Sus rostros se volvieron pálidos y sus rodillas temblaban de miedo. ¡Habían aclamado al rey equivocado! Adonías también tenía miedo. Salomón podría matarlo por lo que había hecho. Pero no tenía nada de qué preocuparse, porque Salomón se apiadó de él y le dejó vivir.

Mientras el Rey David aún vivía, hizo planes para construir un templo en Jerusalén. Pero Dios no permitió que David lo construyera él mismo. "Has sido un hombre de guerra", dijo, "y Yo quiero un hombre de paz. Tu hijo Salomón construirá el templo".

David le dio a Salomón los planos para construir el templo. Incluían los planos de sus edificios, sus almacenes, sus habitaciones interiores y el Lugar Santísimo. Salomón se maravilló de todos los tesoros que su padre había almacenado, incluyendo montones de oro y plata, mármol y piedras preciosas. "Usa este tesoro para construir el templo", dijo David. "No dejes que nadie te detenga".

Antes de morir, David le dio a Solomon algunas instrucciones finales. "Recuerda obedecer los mandamientos de Dios", dijo. "Si lo haces, tu vida irá bien. Si los desobedeces, tendrás muchos problemas".

¿Sabías que?

Mientras David era el rey, su hijo Absalón trató de derrocarlo y covertirse en rey. Absalón murió en una batalla contra su padre (2 Samuel 18).

Después de la muerte de David, Salomón comenzó a gobernar el reino. Pero solo había un problema. Adonías todavía quería ser rey. Le dijo a Betsabé: "Sé que Salomón hará lo que tú digas. Dile que quiero tomar a Abisag de Sunem como esposa". Abisag había cuidado y mantenido caliente a David antes de morir.

Salomón estaba enfadado. Si Adonías se casaba con la cuidadora de David, le mostraría al pueblo que Adonías debería ser rey. "¡Mi hermano quiere apoderarse del reino!", gritó Salomón. Golpeó el trono con el puño. "Juro que hoy morirá".

Salomón llamó a Benaías, el capitán de sus guardaespaldas. "No tengo elección", dijo. "Adonías no puede ser rey. ¡Ahora, mátalo!". *Pum, pum, pum*. Con su espada en la mano, Benaías marchó fuera del palacio para encontrar a Adonías.

Mientras era rey, Salomón visitaba a menudo el lugar alto de Gibeón para adorar y rezar. Un día, fue allí a ofrecer sacrificios a Dios. Por la noche tuvo un sueño. Dios se acercó a él y le dijo: "¿Qué puedo darte?". Salomón recordó cómo Dios había ayudado a su padre, David. Le respondió: "Dame sabiduría para gobernar al pueblo y para saber la diferencia entre el bien y el mal".

Dios estaba feliz con la respuesta de Salomón. "Porque has pedido gran sabiduría en lugar de riquezas y poder", dijo Dios, "te daré más sabiduría que a nadie. Tendrás riquezas y honor toda tu vida. Serás el rey más grande del mundo. Y si Me obedeces y honras Mi Torá, te daré una larga vida".

Salomón estaba demasiado feliz. Saltó de la cama y se apresuró a regresar a Jerusalén. Allí ofreció aún más sacrificios a Dios. Luego hizo una gran fiesta en el palacio que duró todo el día y toda la noche.

El rey Salomón se hizo conocido en todas partes por su gran sabiduría. Un día, dos madres llegaron a su palacio con un problema. La primera dijo: "Esta mujer y yo vivimos en la misma casa. Yo tuve un niño y ella también. Su bebé murió y ahora dice que mi bebé es suyo".

"¡No!", gritó la otra mujer. "El niño vivo es mío y el muerto es tuyo". Salomón levantó la mano para silenciar a las mujeres. Pensó por un momento. "Corta al niño por la mitad con una espada", dijo. "Cada una de ustedes puede tener la mitad del bebé".

Mientras el sirviente de Salomón alcanzaba la espada, la verdadera madre estalló en llanto. "Por favor, no mates a mi hijo", dijo. "Dale el bebé a ella". La otra mujer dijo: "No nos des el bebé a ninguna de las dos. ¡Córtalo en dos!". Salomón se puso de pie. "¡Alto!", dijo. "No mates al bebé". Señaló a la primera mujer. "Dáselo a ella. Ella es la verdadera madre". Cuando los israelitas se enteraron de la sabia decisión de Salomón, respetaron mucho al rey. Vieron que tenía la sabiduría de Dios para tomar buenas decisiones.

Durante su reinado, Salomón construyó muchos edificios, incluyendo un palacio en Jerusalén para él. Pero el lugar más famoso que construyó fue el templo de Dios. Construir el templo fue un gran trabajo. Salomón necesitó 80.000 hombres para cortar las piedras para los cimientos, y 70.000 hombres para llevarlas. Escribió una carta al rey Hiram de la cercana ciudad de Tiro, que estaba junto al mar.

El mensaje decía: "Ahora que tenemos paz, construiré un templo para adorar a Dios. Dame tus hermosos cedros, y pagaré a tus hombres y enviaré a los míos a ayudar".

El rey Hiram estaba feliz de ayudar. "Mis hombres cortarán todos los árboles que necesites", dijo. Sus sirvientes ataron los troncos para hacerlos flotar como balsas por la costa hasta la tierra de Israel. Salomón usó la madera para construir los pilares del templo y de su palacio, y elaborar instrumentos musicales. A cambio, Salomón envió a Tiro trigo y aceite de oliva, para ayudar al rey a alimentar a sus hombres.

¿Sabías que?

Tiro es una de las ciudades habitadas más antiguas del mundo. Fue un importante puerto marítimo fenicio desde cerca del año 2000 a.C. y durante el periodo romano.

Durante siete años, los hombres de Salomón trabajaron aserrando, cortando y tallando para construir el templo. Las piedras fueron cortadas en canteras alejadas del templo, de modo que no se oyera ningún martillo, hacha o herramienta de hierro en el lugar del templo mientras se construía.

Dentro del templo, las paredes eran de madera fina, cubiertas de oro. Todo el mobiliario y los recipientes para la adoración también eran de oro. Salomón construyó una habitación en la parte trasera del templo llamada el Lugar Santísimo. Esta era para el Arca de la Alianza, una caja de oro que contenía las dos valiosas tablas de piedra en las que Dios había escrito Sus mandamientos.

Cuando la obra estuvo terminada, Salomón trajo todo lo que su padre había reservado para el templo: oro, plata, piedras y mármol, y los puso en las habitaciones del templo. Ahora Dios tenía una casa donde Su pueblo podía adorarlo. "Esta casa es hermosa", dijo Salomón, ansioso por dedicar el templo a Dios.

¿Sabías que?

El templo fue construido de forma similar al Tabernáculo en el desierto. Se dividió en tres áreas: el Lugar Santísimo, el Lugar Santo y el patio exterior.

Durante el séptimo mes, los hombres de Israel vinieron a Jerusalén para celebrar las Fiestas de Otoño. La ciudad estaba llena de gente hablando, rezando y haciendo preguntas. Acamparon fuera de los muros de la ciudad en un laberinto de tiendas. ¡Todos estaban emocionados por honrar las Fiestas!

En una ceremonia especial, Salomón dedicó el templo a Dios. Los levitas llevaron el Arca de la Alianza desde su tienda hasta el Lugar Santísimo. Los sacerdotes soplaron los shofares y la gente comenzó a cantar: "Dios es bueno. ¡Su amor durará para siempre!".

De repente, el templo se llenó de una nube espesa. Era la gloria de Dios. Salomón extendió sus brazos al cielo. "Mi padre quería construir este templo", dijo. "Pero Dios le dijo que era yo quien debía construirlo. Así que he construido un templo donde Su nombre puede vivir para siempre". Entonces, un fuego bajó del cielo como un rayo. Todas las ofrendas fueron quemadas hasta convertirlas en cenizas ennegrecidas.

Esa semana, los israelitas celebraron en el templo. Cantaban, bailaban y tocaban sus panderetas. ¡Fue como una gran fiesta de boda que duró siete días! Estaban felices por todas las cosas buenas que Dios había hecho por Su pueblo, Israel.

Dios cumplió su promesa de hacer de Salomón el rey más importante del mundo. Su reino se hizo más y más grande. Gobernó sobre todas las naciones desde el río Éufrates en el norte, hasta Egipto en el sur.

Pero Salomón quería ser también el rey de los mares. Con la ayuda del rey Hiram, construyó una flota de barcos cerca del mar Rojo. Pronto sus hombres navegaron por todo el mundo, entablando comercio con otros países y haciendo nuevos amigos.

Cada tres años, los barcos volvían a casa con regalos para el rey. Traían oro y plata, marfil y monos, e incluso pavos reales. Salomón usó estos regalos para decorar el enorme palacio real que había construido para sí mismo.

¿Sabías que?

La piedra de Los Lunas, descubierta en Nuevo México, tiene los Diez Mandamientos grabados en hebreo antiguo, y se estima que es del año 1,000 a.C.

Lejos de la tierra de Israel, vivía una reina que gobernaba el reino de Saba. Había oído hablar de la sabiduría de Salomón y de su amistad con Dios, así que decidió visitarlo. "Preparen a mis camellos", dijo a sus sirvientes. "Quiero conocer a este rey y escuchar su sabiduría por mí misma".

Los sirvientes se apresuraron a obedecer las órdenes de la reina. Cargaron una caravana de camellos con oro, especias y piedras preciosas, y partieron hacia Jerusalén.

Fue un largo viaje, de unos cuantos miles de millas a través del desierto. Cada día, el sol golpeaba polvoriento y ardiente. Por la noche, cuando hacía frío y estaba oscuro, las estrellas brillantes iluminaban el camino hacia Jerusalén. La reina tenía que tener cuidado. Temibles bandidos esperaban en la oscuridad, buscando caravanas para robar. Fue un viaje largo y peligroso.

¿Sabías que?

A un grupo de camellos se le dice caravana. Los camellos tienen tres pares de párpados y dos líneas de pestañas para mantener sus ojos libres de arena.

Una noche, los camellos finalmente se detuvieron fuera del palacio del rey. La reina había llegado a Jerusalén. Salomón se reunió con ella en su sala del trono. *"¡Bruchim haba'im Le Yerushalaim!"*, dijo. "¡Bienvenida a Jerusalén!". La reina miró alrededor de la habitación, con los ojos muy abiertos. Doce leones dorados custodiaban el trono y enormes pilares de madera se elevaban en el aire. "¡Tantos sirvientes felices! ¡Qué ropa tan fina!", susurró. "No creí estas cosas hasta que las vi por mí misma".

Salomón celebró una gran fiesta para la reina. La comida, el vino y la música llenaron el palacio. Los músicos tocaban sus instrumentos, y todos comían y bebían hasta que se llenaban. En el templo había ofrendas. Después, la reina le hizo a Salomón muchas preguntas difíciles. Pero no había ni una sola pregunta que no pudiera responder, porque su sabiduría había venido de Dios.

"Lo que he oído en mi país sobre ti es cierto", dijo la reina. "Eres más rico y sabio de lo que imaginaba. Alabado sea Dios que te hizo rey de los israelitas". Le dio a Salomón muchos regalos, incluyendo más especias de las que jamás había visto. Y él le dio a ella todo lo que su corazón deseaba. Después, la reina y sus sirvientes regresaron a casa.

Mientras fue rey, Salomón escribió muchas canciones y dichos sabios. Estos eran conocidos como proverbios. Debido a que los proverbios eran de Dios, eran verdaderos y llenos de sabiduría. Salomón escribió proverbios como:

"Obedece las órdenes de tu padre y no olvides las enseñanzas de tu madre".

"Confía en Dios con todo tu corazón; no te apoyes en tu propio entendimiento. Reconócelo en todos tus caminos y Él dirigirá tus senderos".

"El que es generoso es bendecido, porque comparte su comida con los pobres".

¿Sabias que?

Salomón escribió tres libros de la Biblia: Cantar de Salomón, Eclesiastés y Proverbios.

Salomón era un rey sabio, pero no siempre escuchó a Dios. Ignoró las instrucciones de Dios de no casarse con mujeres extranjeras ni seguir sus costumbres. Al principio, se casó con la hija del Faraón, y después se casó con otra. Pronto tuvo cientos de esposas que cada día se inclinaban y rezaban a sus falsos dioses.

Para mantener a sus esposas felices, Salomón construyó altares en cimas de colinas para que pudieran adorar a sus ídolos. Les construyó lugares para adorar a Quemos, el dios de Moab, y santuarios para adorar a Moloc, el dios de los amonitas. El corazón de Salomón se apartó de Dios y comenzó a adorar a estos dioses también.

Dios no estaba contento con Salomón. "Has enseñado al pueblo a adorar ídolos en lugar de a Mí", dijo. "Por esto, romperé tu reino en dos pedazos y se lo daré a uno de tus siervos. Pero por honor a tu padre, esperaré hasta que estés muerto".

¿Sabias que?

Salomón tuvo 700 esposas y 300 concubinas (1 Reyes 11:3). Muchas eran de otros países y lo alejaron de Dios.

Mientras tanto, se enviaron sirvientes como Jeroboam para debilitar el reino de Salomón. Un día, mientras Jeroboam salía de Jerusalén, vio al profeta Ahías solo en el camino. Dios había enviado a Ahías para advertir a Jeroboam que Él iba a juzgar a Israel.

Ahías se quitó la nueva túnica que llevaba puesta y la rompió en doce pedazos. "Coge diez trozos de la túnica para ti", le dijo a Jeroboam. "Debido a que Salomón ha intentado adorar a Dios y a los ídolos, Dios les quitará el reino a sus hijos y te lo dará a ti. Los hijos de Salomón gobernarán sobre dos tribus de Israel; las otras diez tribus son para ti".

Cuando Salomón oyó lo que había dicho Ahías, se enfadó. "¡Encuentren a Jeroboam y mátenlo!", gritó. Pero Jeroboam escapó a Egipto, donde no pudo ser encontrado.

Durante los últimos días del reinado de Salomón, las cosas no salieron bien. No escuchó los problemas del pueblo. Pronto, no hubo paz en el reino. Cuando Salomón se alejó de Dios, las tribus se volvieron en contra de Salomón. Dios envió a muchos enemigos para atacarlo.

Después de la muerte de Salomón, su hijo Roboam se convirtió en rey. Pero las tribus causaron aún más problemas. El reino se dividió en dos partes: Israel y Judá. Cada parte tenía su propio rey. Roboam se convirtió en el rey de Judá, mientras que Jeroboam gobernó diez de las tribus de Israel.

Las tribus se volvieron más malvadas y se volvieron contra Dios. Él las castigó expulsándolas de sus tierras, y se dispersaron por todo el mundo. Todo sucedió tal como Dios había dicho.

Debido a que el corazón de Salomón se había alejado de Dios, la nación de Israel fue juzgada. Incluso un rey con gran sabiduría debe amar y honrar los Caminos de Dios.

FIN

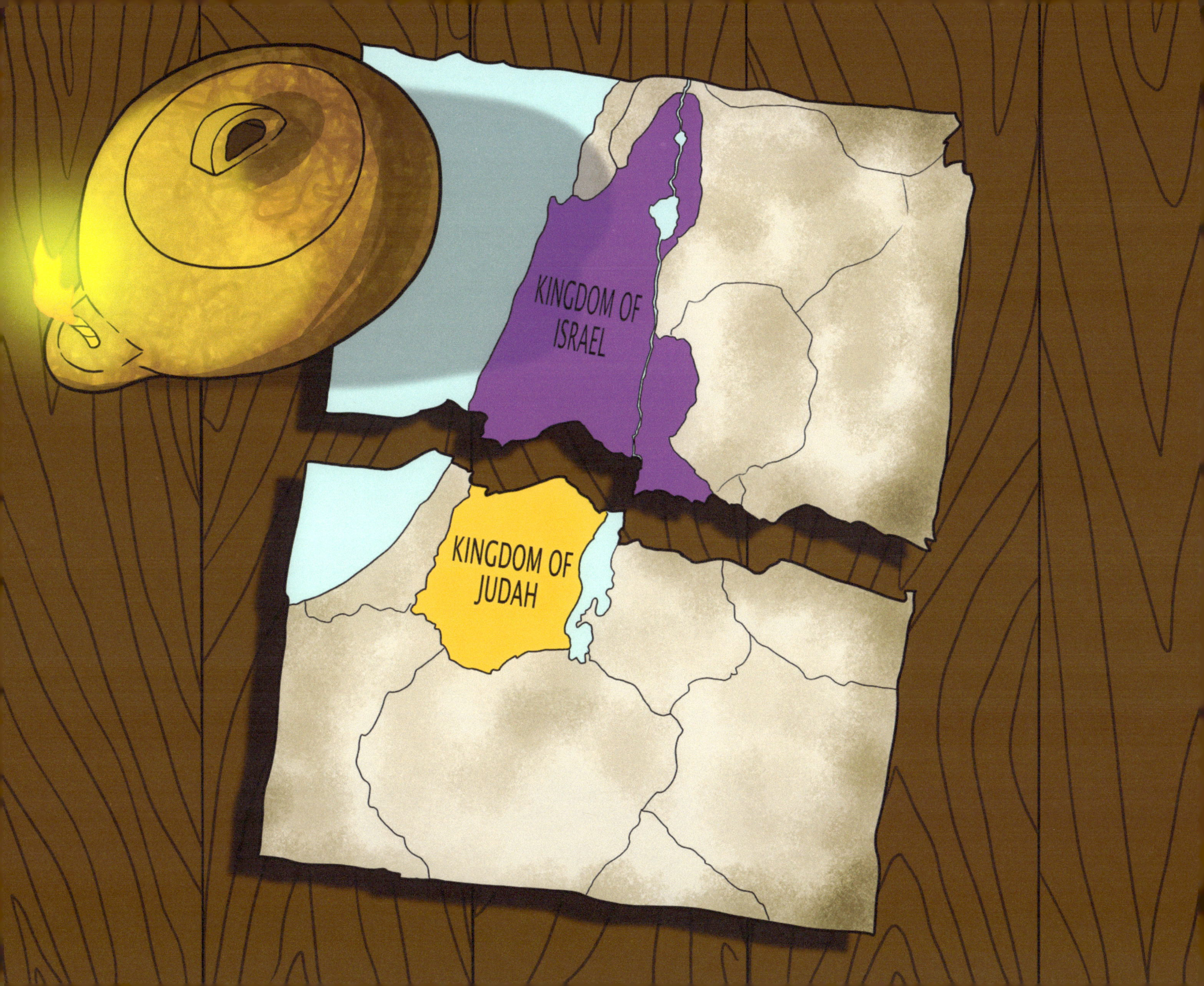

¡Prueba tu conocimiento!
(Empareja la pregunta con la respuesta correcta en la parte de abajo de la página)

PREGUNTAS

¿Por qué la reina de Saba visitó a Salomón? ....

¿Qué regalos trajo consigo la reina? ....

¿Cómo la reina describió a los sirvientes de Salomón? ....

¿Qué fue lo que impresionó a la reina acerca de Salomón? ....

¿Qué dijo la reina de Saba sobre Dios en 1 Reyes 10:9? ....

¿En qué ciudad estaba el templo? ....

¿Quién fue la madre de Salomón? ....

¿Qué hizo Salomón con la madera que Hiram le envió? ....

¿Qué regalos le dio Salomón a la reina? ....

Después de que la reina y sus sirvientes se fuera de Jerusalén, ¿a dónde fueron? ....

RESPUESTAS

1. Para poner a prueba a Salomón con preguntas difíciles
2. Camellos que cargaban especias, oro y piedras preciosas
3. Felices
4. El palacio de Salomón, sus sirvientes, su comida, su sabiduría y las ofrendas en el templo
5. Bendito sea Adonai, tu Dios
6. Jerusalén
7. Betsabé
8. Pilares para el templo y el palacio, e instrumentos musicales
9. Salomón le dio a la reina todo lo que ella deseara
10. La reina y sus sirvientes regresaron a casa

Completa la sopa de letras

SALOMÓN
REY
TEMPLO
REINA
SABA
UNGIR
BURRO
SABIDURÍA
CEDRO
JERUSALÉN

```
T E M P L O R K C T
B K H R Q C E U Q R
L U S L B E I N V E
F E R U R D N G X Y
E I G R D R A I Y E
W A U I O O F R K S
J E R U S A L É N A
S A B I D U R Í A B
Q O I N B Y Q R D A
S A L O M Ó N D G L
```

Bible Pathway Adventures®

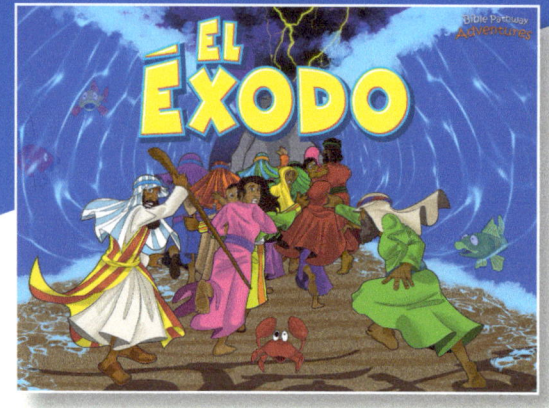

El Éxodo

La huida de Egipto

Enfrentándose al Gigante

El Gran Diluvio

La Novia Elegida

El Nacimiento del Rey

El Rey Resucitó

Tragado por un pez

¡Naufragio!

Vendido como Esclavo

Arrojado a los Leones

Salvado por un Asna

La bruja de Endor

¡Descubre más historias de la Biblia de Bible Pathway Adventures!

Consulte los libros de actividades de Bible Pathway Adventures

IR A

www.biblepathwayadventures.com

www.ingramcontent.com/pod-product-compliance
Lightning Source LLC
Chambersburg PA
CBHW040319100526
44583CB00004BB/157